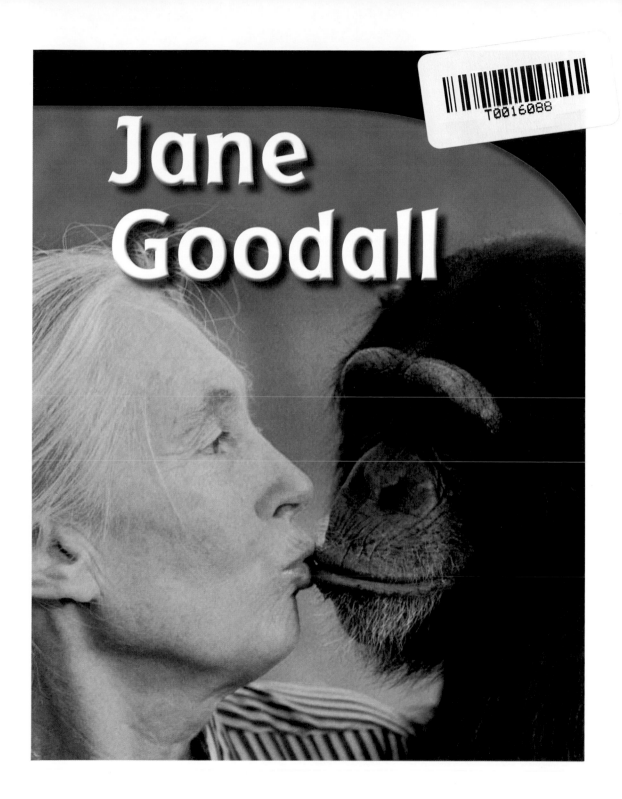

Jane Goodall

William B. Rice

Asesor

Timothy Rasinski, Ph.D.
Kent State University

Créditos

Dona Herweck Rice, *Gerente de redacción*

Robin Erickson, *Directora de diseño y producción*

Lee Aucoin, *Directora creativa*

Conni Medina, M.A.Ed., *Directora editorial*

Stephanie Reid, *Editora de fotos*

Rachelle Cracchiolo, M.S.Ed., *Editora comercial*

Basado en los escritos de *TIME For Kids*.

TIME For Kids y el logotipo de *TIME For Kids* son marcas registradas de TIME Inc. Usado bajo licencia.

Teacher Created Materials

5301 Oceanus Drive
Huntington Beach, CA 92649-1030
http://www.tcmpub.com

ISBN 978-1-4333-4493-0

© 2012 Teacher Created Materials, Inc.

Tabla de contenido

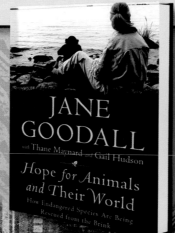

Un sueño hecho realidad

¿Tienes algún sueño? Cuando Jane Goodall era una niña de once años, soñaba con ir a África. Incluso pensó que podría gustarle vivir allí un día. Le contó su sueño a su madre. La madre de Jane le dijo que si realmente deseaba algo, y si trabajaba duro y no se ridiera, podría conseguirlo.

Jane con su madre, padre y hermana menor

Eso fue precisamente lo que hizo Jane. Cuando creció, recordó las palabras de su madre. **Fijó** su atención en ir a África e hizo realidad su sueño.

Jane soñaba con viajar por África.

Jane con su madre

Los primeros años

Jane Goodall nació en Londres, Inglaterra, el 3 de abril de 1934. Creció en una casa grande de Bournemouth, un pequeño pueblo costero inglés.

Los padres de Jane se divorciaron cuando ella era joven. Jane vivió con su madre, su hermana menor, Judy, su abuela y dos tías. Juntas formaban una familia feliz y llena de amor.

Escocia

Irlanda

Inglaterra

Londres

Gales

Bournemouth

la joven Jane

Jubilee

Cuando Jane era muy pequeña, su padre le regaló un **chimpancé** de juguete. Lo llamó Jubilee, como un famoso chimpancé que vivía en el zoológico de Londres en aquella época. A Jane le encantaba ese juguete, y todavía lo tiene. Hoy en día, ocupa un lugar en una silla especial en el hogar de Jane, en Inglaterra.

De chica, a Jane le gustaba estar al aire libre y salía tanto como le era posible. En particular, le encantaban los animales. Cuando Jane tenía apenas dieciocho meses de edad, su mamá la encontró metida en la cama con un montón de lombrices de tierra. Pero no la regañó. Simplemente le dijo a su pequeña hija que las lombrices debían volver a la tierra, fuera de casa, para que pudieran seguir viviendo.

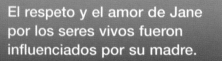

El respeto y el amor de Jane por los seres vivos fueron influenciados por su madre.

Jane en su caballo

el perro de Jane, Rusty

Mascotas familiares

¿Tu familia tiene mascotas?
La familia de Jane tenía varias.
Una de sus preferidas era un
perro de nombre Rusty. Jane
jugaba con las mascotas y
ayudaba a cuidarlas.

Cuando Jane tenía cuatro años de edad, visitó una granja. Allí, tuvo curiosidad por saber de dónde venían los huevos. ¿Cómo era posible que una gallina pusiera un huevo? No podía ver ningún orificio de tamaño suficiente para que pasara un huevo por él. Le preguntó a los adultos, pero ninguno le dio una buena respuesta. Por lo tanto, se ocultó en el gallinero durante varias horas para encontrar la respuesta. Cuando finalmente vio a una gallina poner un huevo, corrió emocionada para contarle a su mamá lo que había observado. Desde niña, Jane sabía que podía encontrar las respuestas que buscaba si tenía paciencia.

Sola en los árboles

Cuando estaba al aire libre, una de las cosas que más le gustaba a Jane era trepar árboles. Allá arriba, se sentaba en silencio a leer o a contemplar el mundo. En ocasiones soñaba despierta con crecer, viajar por el mundo y trabajar con animales. Estos momentos de quietud en los árboles ayudaron a Jane a prepararse para el trabajo que haría más adelante en su vida.

Jane creció, y su interés por los animales y los lugares lejanos creció con ella. Le fascinaba leer historias sobre Tarzán y su amiga, Jane. Pensaba que ella sería una "Jane" mucho mejor para Tarzán.

También leyó historias sobre África y la **selva**. Fue así como creció su interés por África. Ella decidió conocer el continente algún día.

En la época en que Jane era niña, era poco usual que las mujeres siquiera pensaran en hacer este tipo de cosas. Pero, con el **aliento** de su madre, Jane estaba decidida a ir.

Tarzán y Dr. Dolittle eran dos de los personajes favoritos de Jane.

Tiempos de guerra

Cuando Jane era joven, estalló la Segunda Guerra Mundial, en la que participaron muchos países del mundo, entre ellos, Inglaterra. Jane vio aviones y hasta tanques de guerra en su vecindario. Cuando tenía once años, vio fotografías del **holocausto**, una época en que millones de personas fueron asesinadas por sus creencias y ascendencia étnica. Estas terribles imágenes de la guerra permanecieron con Jane toda su vida.

Viaje a África

Cuando Jane llegó a la edad adulta, fue a una escuela con el propósito de estudiar para ser **secretaria**. Su madre la animó. Le dijo que las habilidades secretariales eran requeridas en todo el mundo. Además, Jane podría tener más oportunidades de viajar si era secretaria.

Entonces, sucedió algo emocionante. Una de las amigas de Jane se mudó a Kenia y le pidió a Jane que fuera a visitarla. Jane ahorró su dinero. A los 23 años de edad, ya había ahorrado suficiente para viajar a Kenia. ¡Sus sueños comenzaban a hacerse realidad!

En Kenia, Jane consiguió empleo como secretaria en la ciudad de Nairobi. Esto le permitió ganar dinero para vivir.

Como secretaria, Jane escribió muchas cartas.

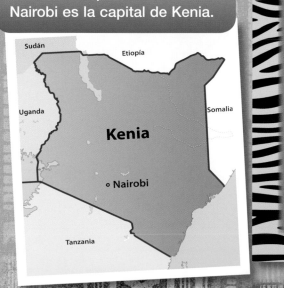

Kenia es un país africano.
Nairobi es la capital de Kenia.

Sudán

Etiopía

Uganda

Somalia

Kenia

○ Nairobi

Tanzania

Apartheid

En África, Jane fue testigo de algo que la perturbó mucho. En algunas partes de África se usaba el **apartheid**. El apartheid era un sistema injusto y cruel que separaba a las personas según el color de su piel. El apartheid afirmaba equivocadamente que la gente de piel clara era mejor y más importante que la gente de piel oscura. Las personas de piel oscura sufrían terriblemente bajo este sistema.

A las semanas, Jane se enteró de que los conocidos científicos, los doctores Louis y Mary Leakey, trabajaban en el vecino país de Zaire. Al conocer esta noticia, los sueños de Jane comenzaron a crecer.

Los Leakey estudiaban animales y **fósiles**, lo cual le interesaba mucho a Jane. Entonces, ¿qué podía hacer? Concertó una cita, ahorró dinero e hizo una **expedición** a través de África para verlos.

Los Leakey realizaron varios de sus trabajos más importantes en África, como el descubrimiento de antiguos huesos humanos. Estos huesos han ayudado a los Leakey y a otros científicos a saber más sobre la historia del ser humano.

Jane habló con ellos sobre África y sus animales. El doctor Leakey quedó tan **impresionado** con los conocimientos de Jane que en ese instante la contrató como su asistente. Jane ayudó al doctor y a su esposa a recolectar y estudiar fósiles. También les ayudó a escribir sus informes. Mientras trabajaba con los Leakey, aprovechó para aprender todo lo que podía. Jane sintió que por fin estaba haciendo el trabajo para el cual estaba destinada.

El doctor Leakey fue quizá el maestro y mentor más importante que tuvo Jane.

Mary y Louis Leakey buscando fósiles

Después de unos meses, el doctor Leakey y Jane decidieron que ella estaba lista para realizar un estudio por cuenta propia. Jane eligió el estudio de los chimpancés.

Para ello, Jane tendría que viajar a las selvas donde vivían. El viaje sería difícil, pero Jane estaba lista. Sin embargo, el gobierno de Tanzania no le permitió ir, pues opinaban que era inseguro que una joven mujer inglesa viajara sola a la selva.

El doctor y la señora Leakey ayudaron a Jane a dar el primer paso. Le dieron todo lo que necesitaba para comenzar su estudio sobre los chimpancés.

La palabra *chimpancé* proviene del idioma **congolés**. Significa "parecido o similar al hombre".

Jane sabía que el estudio de los chimpancés era lo ideal para ella y le pidió ayuda a su madre. La madre de Jane estuvo de acuerdo en acompañarla. También tenían un guía y abundantes provisiones. Por fin, el gobierno autorizó el viaje de la familia.

La madre de Jane (izquierda) le ayudó a trabajar con la gente de Tanzania.

Primatóloga

Jane Goodall es una **primatóloga**, una persona que estudia **primates**, la especie a la que pertenecen los seres humanos, simios y monos.

Los chimpancés de Gombe

Jane y su madre emprendieron el viaje y llegaron a Gombe, Tanzania. Jane estaba entusiasmada por comenzar a estudiar los chimpancés del lugar. Sin embargo, los chimpancés tenían miedo de Jane y se alejaban en cuanto ella se acercaba.

ÁFRICA

Parque Nacional Gombe

TANZANIA

Centro de investigaciones de la vida silvestre del río Gombe

Este parque nacional fue formado en 1968 para proteger los chimpancés que estudiaba Jane Goodall. Se encuentra en las orillas del lago Tanzania. Se mantiene en estado totalmente natural, sin caminos, electricidad o teléfonos. Es una versión real del paisaje que Jane conoció al leer las historias de Tarzán en su niñez.

Esto sucedió durante varios meses. Jane comenzó a desanimarse. Para estudiarlos, tenía que sentarse muy lejos y usar **binoculares**. ¿Cómo podía estudiar los chimpancés si no podía acercárseles? Un día, un chimpancé llegó al campamento de Jane y comenzó a dar pisotones y a gritar. Jane se dio cuenta de que el chimpancé quería el plátano que alcanzaba a ver dentro de la tienda de campaña de Jane.

A partir de entonces, Jane comenzó a dejar plátanos en el campamento para los chimpancés. Pronto, el primer chimpancé comenzó a llevar a otros al campamento. Jane llamó a este primer chimpancé David Greybeard.

David Greybeard fue el primer chimpancé en hacer contacto personal con Jane.

Con el paso del tiempo y con mucha paciencia por parte de Jane, los chimpancés comenzaron a confiar en ella. Cada día, Jane se acercaba un poco más a ellos. Algunos se inquietaban, pero David Greybeard conocía a Jane y al parecer tranquilizaba a los demás. La confianza que tenían en Jane aumentó y al poco tiempo pudo sentarse entre ellos.

El primer contacto

Un día, cuando Jane estaba sentada muy cerca de David Greybeard, el chimpancé extendió la mano hacia Jane en un gesto amistoso. Jane, a su vez, extendió la mano y sostuvo la del chimpancé durante unos instantes. Era la primera vez que había hecho un contacto de este tipo. En ese momento supo que se había ganado la confianza del grupo de chimpancés.

Con el tiempo, Jane pudo ganarse la confianza de los chimpancés.

Jane estudió a los chimpancés y la manera en que hacían las cosas. Observó que algunos eran más fuertes, inteligentes o amistosos que otros. Unos compartían sus alimentos y otros jugaban con los chimpancés más jóvenes. Unas madres chimpancés parecían cuidar mejor a sus bebés que otras.

Nombres

Cuanto más estudiaba a los chimpancés, más notaba Jane que parecían tener distintas personalidades. Para no confundirse, les asignó nombres a muchos de ellos, como Flo, Fifi, Charlie y Mike. Algunos científicos criticaron a Jane por esto, afirmando que era impropio nombrar a los chimpancés como si fueran seres humanos.

Jane observó que los chimpancés vivían en comunidades de hasta 55 miembros. En ocasiones, los chimpancés se mudaban a una nueva comunidad, al igual que las personas se mudan a nuevos vecindarios.

Un día, Jane observaba a David Greybeard y a un chimpancé llamado Goliat. Parecían cavar en un montículo de termitas. Sin embargo, se dio cuenta de que estaban introduciendo ramas en los agujeros del montículo. Al sacar las ramas, se comían las termitas adheridas a la punta. Era la primera vez que alguien había visto a un chimpancé usar una rama de esta manera: como herramienta. Antes de este descubrimiento, los científicos pensaban que sólo los seres humanos usaban herramientas.

Jane informaba de sus **observaciones** y descubrimientos al doctor Leakey y a otros científicos. Muchas personas comenzaron a interesarse por su trabajo. Sus informes y estudios comenzaron a ser publicados en revistas importantes, como *National Geographic*.

Los chimpancés pueden usar ramas, piedras y otros objetos naturales como herramientas, tal como lo hacen los seres humanos.

National Geographic

La National Geographic Society se fundó a principios de 1888 para estudiar geografía y compartir conocimientos sobre este tema. Desde entonces ha llegado a ser la mayor **institución** científica y educativa no lucrativa del mundo. La sociedad también publica la revista *National Geographic*, famosa por sus interesantes artículos y hermosas fotografías.

Jane Goodall ha aparecido en la portada de *National Geographic* más veces que cualquier otro científico dedicado al estudio de los animales.

VOL. 128, NO. 6   DECEMBER, 1965

NATIONAL GEOGRAPHIC

FINISTERRE SAILS
THE WINDWARD ISLANDS 755
CARLETON MITCHELL, WINFIELD PARKS

THE LAND OF GALILEE 832
KENNETH MacLEISH, B. ANTHONY STEWART

FINNED DOCTORS OF THE DEEP
DOUGLAS FAULKNER 867

"I SEE AMERICA FIRST"
DIARY OF THE PRESIDENT'S DAUGHTER
LYNDA BIRD JOHNSON, JERRY
WILLIAM ALBERT ALLARD

NEW DISCOVERIES AMONG
AFRICA'S CHIMPANZEES 802
BARONESS JANE VAN LAWICK-GOODALL
BARON HUGO VAN LAWICK

SEE "MISS GOODALL AND THE WILD CHIMPANZEES" WED., DEC. 22, ON CBS TV (page 831A)

THE JOURNAL OF THE NATIONAL GEOGRAPHIC SOCIETY WASHINGTON, D. C.

Matrimonio, maternidad y más

Por supuesto, en la vida de Jane ha habido mucho más que trabajo. En 1964, se casó con un fotógrafo de *National Geographic*, Hugo Van Lawick. Su hijo, Hugo, nació en 1967. Grub, como lo llamaban, creció felizmente en la selva de Gombe.

Jane ha dicho que, en parte, aprendió a ser madre de su hijo al observar a las madres chimpancés.

Premios y honores

Jane Goodall ha recibido muchos premios y honores durante su emocionante carrera profesional. Algunos de ellos son la Medalla de Tanzania, la Medalla Hubbard de la National Geographic Society y el Premio Gandhi/King a la No Violencia. También fue nombrada dama del Imperio Británico y mensajera de la paz de las Naciones Unidas.

Jane y Hugo se divorciaron y ella se casó con un señor llamado Derek Bryceson, director de parques nacionales de Tanzania. Lamentablemente, Derek murió tan sólo cinco años después de su matrimonio. A pesar de todo, Jane continuó con el trabajo que amaba. Finalmente, en 1986, decidió poner fin a sus investigaciones. Ahora viaja por el mundo, hablando con personas de todas partes sobre lo que ha aprendido.

Instituto Jane Goodall

En 1977, nació el Instituto Jane Goodall. Su propósito es apoyar a las personas que hacen algo por los seres vivos del mundo. A través del instituto, científicos y estudiantes continúan el trabajo iniciado por Jane.

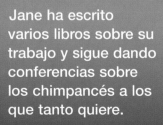

Jane ha escrito varios libros sobre su trabajo y sigue dando conferencias sobre los chimpancés a los que tanto quiere.

Al principio, el doctor Leakey calculó que el estudio de los chimpancés tomaría unos diez años. Jane creyó que tardaría sólo tres años. A la fecha, Jane lleva más de cuarenta años estudiándolos.

Jane Goodall ha tenido una vida plena y emocionante y sigue trabajando con fervor en lo que la apasiona. He aquí algunos de los momentos más significativos en su vida personal y profesional.

Jane es una oradora respetada y querida por todo el mundo.

Cronología

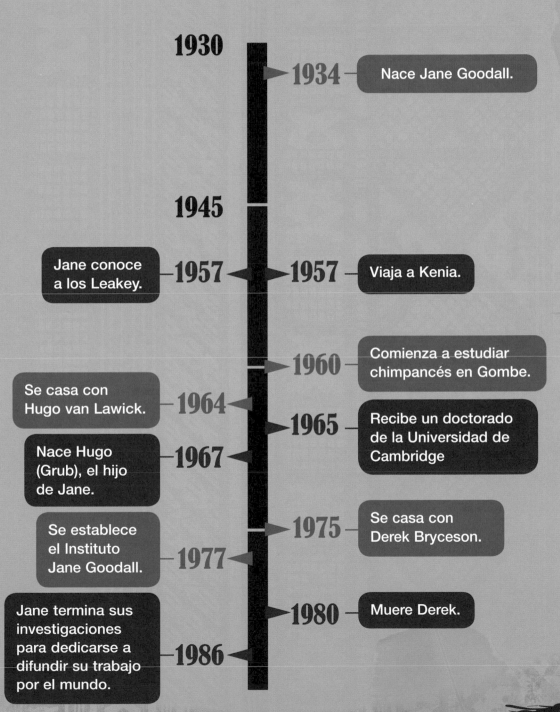

1930

1934 — Nace Jane Goodall.

1945

Jane conoce a los Leakey. — **1957**

1957 — Viaja a Kenia.

1960 — Comienza a estudiar chimpancés en Gombe.

Se casa con Hugo van Lawick. — **1964**

1965 — Recibe un doctorado de la Universidad de Cambridge

Nace Hugo (Grub), el hijo de Jane. — **1967**

Se establece el Instituto Jane Goodall. — **1977**

1975 — Se casa con Derek Bryceson.

1980 — Muere Derek.

Jane termina sus investigaciones para dedicarse a difundir su trabajo por el mundo. — **1986**

Glosario

aliento—fomentar la esperanza, el valor o la confianza; dar apoyo

apartheid—la práctica o política oficial que separa legalmente a grupos, con mejores condiciones de vida para un grupo que para el otro

binoculares—una herramienta con dos oculares que se utiliza para ver objetos lejanos

chimpancé—una clase de simio que vive en las selvas africanas, de pelambre largo y oscuro, gran inteligencia y comportamientos similares a los de los seres humanos

congolés—el idioma del Congo

expedición—un viaje lento y difícil

fijar—dedicarse a algo con interés

fósiles—los pedazos o impresiones de seres vivos de una época remota, incrustados y conservados en la corteza terrestre

holocausto—el asesinato masivo de judíos y otras personas de Europa, cometido por los nazis

impresionado—afectado con fuerza y de manera favorable

institución—una organización que apoya una causa

observaciones—los actos de observar o mirar

primates—un orden animal al que pertenecen los simios, monos y seres humanos

primatólogo—un científico que estudia a los primates

secretaria—alguien que maneja las cartas y los documentos de otras personas

selva—una región con animales y densas plantas tropicales

Índice

Acerca del autor

William Rice creció en Pomona, California, y se graduó de la Universidad Estatal de Idaho con un título en geología. Trabaja en un organismo estatal de California que se esfuerza por proteger la calidad de los recursos de agua superficiales y bajo tierra. Para William es importante proteger y preservar el medio ambiente. Es casado, tiene dos hijos y vive en el sur de California.